감수 선생님의 글

아이들은 쉽게 접할 수 있고, 편하면서도 즉각적으로 반응할 수 있는 게임을 선호하고 즐기고 있습니다. 실제로 여러 가지 교육적 요소가 포함된 게임과 책들이 나오고 있으며, 일선에서 활용되기도 합니다. 아이들은 재밌고 흥미로운 일에 집중하고 몰두하며, 나아가 자신의 진로를 결정할 때 그것들에게 영향을 받게 됩니다.

그러한 측면에서, 오늘날 아이들이 많이 선호하는 게임 요소와 독서적인 측면을 접목시킨 이 책은 그러한 시대의 흐름을 제대로 읽은 산물이라고 할 수 있습니다.

현재 우리가 살아가고 있는 시대에는 다양한 문화 콘텐츠가 많이 생산되고 있습니다. 그중에서도 특히, 이 책처럼 과학정보 기술의 발달에 따른, 다양한 인문 교육의 방향 변화가 주목받고 있습니다. 처음부터 너무 장황하거나 답을 강요하게 되면, 아이들 대부분은 싫증을 내고, 독서를 중단하게 됩니다. 그러나 그들이 좋아하는 요소를 집어넣어 흥미를 유도하면서 이해하기 쉽게 접근한다면 책 읽기는 무엇보다 흥미 있고 재미있는 일이 될 것입니다. 과거 어느 작가가 만든 여행 만화책이 아이들에게 인기가 있고 나아가 어른들에게도 큰 관심을 받았던 경우를 보아도 누구나 이해하기 쉽고 흥미를 접점으로 접근하는 방법이 얼마나 효과적인지 알 수 있습니다.

아이들은 무수한 직간접 경험을 통하여 성장하고 자기의 진로를 선택하게 됩니다. 좋아하는 것을 하면서 즐기는 가운데 어느덧 스스로 학습하게 되고 그것이 아이들에게 많은 도움이 될 것입니다. 복잡하고 어려운 과학적 내용보다 주변의 간단한 내용부터 알아보고 아이들이 쉽게 접할 수 있는 게임 요소를 결합한 이 책은 과학적인 지식을 재미있게 접하게 되는 좋은 기회가 될 것입니다.

잘하는 것보다 꾸준히 할 수 있는 것이 교육적인 측면에서나 인생을 살아가는 측면에서도 좋으며, 습관을 형성하는 좋은 기회가 될 것입니다. 유럽에서 실험하고 검증된 내용에 따르면, 습관을 형성하는 것은 약 100일 정도라고 알려져 있습니다.

다소 지적 능력과 나이에 따라 개인차가 있겠지만, 충분히 우리 아이들에게 좋은 마음의 양식을 키우는 훈련의 한 방법으로 이 책을 꾸준히 읽게 한다면 아이들이 좋은 습관을 키우는 한 방법이 될 것입니다.

이러한 이유로 쉽게 싫증 내거나 학습에 관심이 적은 아이들에게 추천하고자 합니다. 한편으로 이런 작은 시작이 아이들의 미래를 크게 변화시킬 수 있을 것입니다.

박인권(신곡초등학교 교사)

펴낸이의 글

'OX퀴즈 서바이벌100 신기한 과학 이야기 2'가 새로 나왔습니다.

'OX퀴즈 서바이벌100 신기한 과학 이야기' 시리즈는 우리가 주변에서 쉽게 보거나 경험했던 현상과 상식에 대해 과학적으로 설명하거나 잘못된 상식을 올바르게 잡아주려는 의도로 기획되었습니다.

실생활에서 만나는 흥미로운 소재와 과학 현상을 쉽고 재미있게 구성하여 책을 싫어하는 사람도 중간에 포기하지 않고 끝까지 읽어 내려갈 수 있는 재미있는 생활 밀착형 학습 만화책입니다.

각 '화'의 마지막에는 '해설더하기'를 추가하여 만화의 내용을 더 잘 이해할 수 있도록 친절하게 해설하였으며, 남녀노소 함께 즐길 수 있는 100여 개의 흥미진진한 과학상식 문제도 수록하였습니다.

초등학교 교과 과정에서 꼭 알아야 할 내용을 엄선하여 아이들이 좋아하는 캐릭터와 스토리로 쉽고 재미있게 학습할 수 있도록 새롭게 구성하였습니다.

인기 게임 'OX퀴즈 서바이벌100'의 캐릭터들이 살고 있는 책 속으로 어서 들어와 보세요. 책을 보고 나면 지식과 상식이 튼튼해지고, 성적이 쑥쑥~ 오르는 건강한 만화책입니다.

레드
누군가 위험해 처하면
달려가 도움을 줌

용병
전투를 즐김
힘든 일은 도맡아서
하는 스타일

캡틴
우리의 영원한 캡틴!
무슨 일이 생기면
항상 먼저 나서서
진두지휘함

로봇짱
정체불명의 로봇
생각을 읽을 수 없음

나미
메가-Z의 파일럿!
평소엔 평범한 학생
말괄량이 스타일

OX맨
승부욕이 강해
무슨일이든 도전하는 걸
좋아함
OX걸과 짝꿍

메가-Z
지구 방위를 위해
탄생한 메가-Z
하지만 아직까진
평화로운 지구

OX걸
평소엔 얌전하고
조용한 성격이지만
화가 나면 까칠해짐
OX맨과 짝꿍

닌자
부끄러움을 많이 탐
남들 시선을 피해
은신해서 다님

좀비
아무 생각이 없음
멍때리면서 산책하기를
좋아함

용용이
경계심이 많지만
친한 사람에겐
애교도 부림

선녀
하계에 내려왔다가
나무꾼을 만남
여린 마음에 나무꾼만을
두고 가지 못해 하계에
남아 생활을 함

다크나이트
용맹함
불 같은 성격

마법사
온화한 성격.
마을 아이들을 좋아해서
마법으로 아이들을
즐겁게 해주는 걸
좋아함

에일리언
호기심이 많음
우주 여행 중 우주인을
만나 함께 다님

바이킹
바다 건너 새로운 땅을
찾아 떠남.
모험심이 강함
터프함

우주인
우주비행선의 고장으로
표류 중 에일리언을
만나 도움을 받은 인연
으로 친구가 됨

슬라임
온몸이 액체로 되어 있어
어떠한 모양으로도
변형이 가능함

뱃살공주
사과를 너무 좋아해서
항상 사과를 들고
다니면서 먹음
그로 인해 과체중이 됨
항상 다이어트 중

소시지
캠핑장에서 구워지기 전
탈출함
항상 허둥지둥하고
실수가 많음

잭
어둠을 무서워하는
사람에게 자신을
밝혀 빛이 되어줌
도움 주기를 좋아함

Dr. F
미친 과학자.
항상 엉뚱한 실험을
많이 함
프랑켄의 창조자

사신
언제나 사람들과
친해지고 싶어해
마을을 배회하지만
정작 사람들은 외모
때문에 무서워함
그래서 늘 외로움

프랑켄
외모와는 다르게
매우 여리고 착하다
꽃과 동물을 좋아함

뱀파이어
차가운 외모지만
속은 따뜻하고
정이 많음

꼬마마녀
귀여운 꼬마마녀
밤하늘이 좋아
빗자루를 타고 하늘을
날아다니는 것을 즐김

늑대인간
사람을 좋아하지만
외모 콤플렉스 때문에
선뜻 앞에 나서지 못함
항상 외로워 보름달이
뜬 밤이면 밤새 움

미라
자신을 드러내기 싫어
온몸에 붕대를 감고 다님
붕대 안의 모습은 아무도
본 사람이 없음

몬스터
앞뒤 안 가리는
불 같은 성격
뭐든 일단 저지르고 봄

시바견
충성심이 강함
남의 말을 잘 들어 줌

사막여우
조심성이 많아
모습을 잘 드러내지 않음
숨어서 잘 지켜봄

거부기
토끼와 달리기 경주 중
길을 잃음
성실함
긍정적임

떡방토끼
지루한 달 생활에 지쳐
여행을 떠남
항상 가만히 있지를 못함

어흥이
용감무쌍
친구들을 잘 챙김

레서판다
장난기가 많고
온순함

MC 판다
힙합을 좋아하고
랩을 잘함
스냅백과 금목걸이는
트레이드 마크

냥이
애교가 많고
호기심이 강함

꽥꽥이
미운 오리가 그리워
찾아 떠남
물 위에 떠다니며 경치를
즐기는 걸 좋아함

찐빵맨
요리하는 것을 좋아함
엄청 달고 맛있는 팥이
있다는 소문을 듣고
찾아 떠남

아이돌-D
남자 아이돌
조용하고 얌전함

엄마몬
잔소리 많음
불 같은 성격
전형적인 엄마 스타일

아이돌-i
여자 아이돌
밝은 성격
수다 떠는 걸 좋아함

아빠짱
이해심이 많으며
항상 밝고 상냥하다

강민(츤데레)
바비의 오빠
츤데레 스타일
바비와 항상 티격태격
하면서도 많이 챙겨줌

베이비
매우 똑똑한 아이
태어난 지 얼마 안 돼서
걷기 시작하고 말을 함

바비
까칠함
외모에 신경을 많이 씀
인기가 많음

선생님
해박하고 열정적임
스타강사이며 따르는
제자들이 많음

대통령
모든 사람의 말을
잘 들어줌
이해심이 많음

플레이어
게임 속 도트 캐릭터
수동적임
주어진 임무에 충실함

피겨퀸
동계 올림픽의 꽃!
섬세한 연기와 화려한
스핀은 감동 그 자체!

산타짱
아이들에게 인기 짱!
요즘 살이 찐 탓에
조금 힘겨워 보인다

아이스하키맨
동계 올림픽의 영웅!
화려한 퍽 컨트롤과
정확하고 빠른 슈팅은
막아내기가 쉽지 않다

루돌푸
반짝반짝 빛나는 코로
어두운 밤길을 밝히며
산타의 썰매를 끈다

바스켓맨
바비의 오빠
츤데레 스타일
바비와 항상 티격태격
하면서도 많이 챙겨줌

페르세우스
메두사를 처치한 영웅!
매우 용감하여 그에겐
후퇴란 없다!

도넛맨
알록달록한 머리 장식과
화려한 패션으로 자신을
꾸미는 걸 좋아한다

샤샤샥
고독한 미식가!
새로운 맛을 찾기 위해
바다를 떠나 육지까지
올라오게 되는데…

몽몽
귀엽고 애교가 많으며
반짝반짝 애틋한 눈빛
으로 사람들의 마음을
녹인다.

디노
오랫동안 빙하에 갇혀
있던 알에서 태어난 공룡!
단순하고 호기심이
많으며 밝고 쾌활함

찾아보기

1화 얼음이 물보다 무겁다? /12

2화 말은 한 번에 새끼를 한 마리만 낳는다? /18

3화 바닷가는 낮과 밤에 바람의 방향이 바뀐다? /24

4화 지진이 나면 빨리 밖으로 나가야 한다? /30

5화 북극여우와 사막여우는 귀의 크기가 다르다? /36

6화 할아버지 안경을 쓰면 멀리 있는 것이 작게 보인다? /42

7화 빨리 달릴수록 멈추기가 더 어렵다? /48

8화 과자 봉지를 크게 보이려고 질소를 넣는다? /54

9화 모기는 새끼와 어미의 모습이 다르다? /60

10화 나무가 많은 산은 산사태가 잘 일어난다? /66

11화 물과 기름을 섞으면 기름이 물 위에 뜬다? /72

12화 지렁이가 많은 땅은 농사가 잘 된다? /78

13화 강을 거슬러 올라갈수록 자갈의 크기가 커진다? /84

14화 운동을 하면 호흡이 가빠지고 맥박이 빨라진다? /90

15화 땀은 혈액순환과 음식물 소화를 돕는다? /96

16화 낮이 가장 긴 때는 6월이고 짧은 때는 12월이다? /102

17화 태양이 사라져도 일부 생물은 살아남을 수 있다? /108

18화 지구는 기울어져 있다? /114

19화 낙타 등의 혹에는 물이 들어있다? /120

20화 태양계에서 가장 먼 행성은 목성이다? /126

21화 석탄과 석유는 화석이다? /132

22화 선인장의 가시는 원래 잎이다? /138

23화 벼의 수명은 일 년이다? /142

24화 똥은 배설물이 아니다? /150

1화. 얼음이 물보다 무겁다?

아빠짱과 엄마몬, 그리고 베이비가 다 함께 마트에 장을 보러 왔습니다.

이제 다 산 건가?

음… 이제 물과 얼음만 사면 돼요~

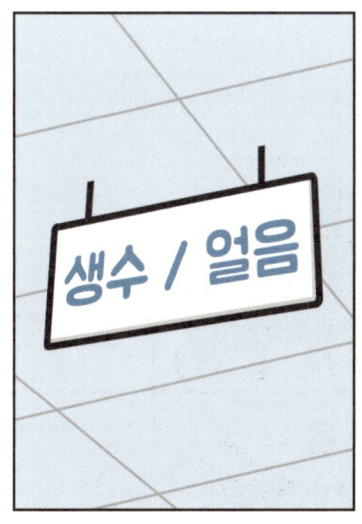

OX 잠깐퀴즈

1화

얼음이 물보다 무겁다? [해설더하기]

물이 얼어 얼음이 되어도 무게는 전혀 변하지 않습니다. 물질의 상태가 변하는 것은 물질의 일부가 없어지거나 새로운 물질이 추가되는 것이 아니라 분자의 배열만 달라지는 것이기 때문입니다. 즉 물이 얼음이 되면 부피가 약 9% 늘어나지만 무게는 똑같습니다. 물이 수증기가 되는 경우도 마찬가지입니다. 물이 수증기가 되면 부피가 약 1,244배나 증가하지만 무게는 변하지 않습니다. 즉 100g의 물을 냉각시키면 100g의 얼음이 되고, 가열하면 100g의 수증기가 되는 것입니다.

① 얼음을 수건으로 감싸면 빨리 녹는다?

② 불타는 얼음이 있다?

③ 드라이아이스는 물을 얼린 것이다?

④ 세계에서 가장 추운 마을은 러시아에 있다?

① 얼음을 수건으로 감싸면 빨리 녹지 않습니다. 얼음을 감싼 수건이 열의 이동을 막기 때문입니다.
② 가스 하이드레이트는 일명 불타는 얼음으로 불립니다. 가스 하이드레이트는 천연가스가 물 분자와 결합해 고체가 된 것으로 차세대 에너지원으로 떠오르고 있습니다.
③ 드라이아이스는 기체인 이산화탄소를 얼려서 고체로 만든 것입니다. 이 때문에 드라이아이스는 녹으면 물로 변하지 않고 다시 기체가 되어 날아가는 것입니다.
④ 사람이 거주하는 곳 중 가장 추운 곳은 러시아 시베리아의 오미야콘입니다. 오미야콘은 지난 1926년 영하 71.2℃의 기온을 기록한 바 있습니다.

2화. 말은 한 번에 새끼를 한 마리만 낳는다?

OX 잠깐퀴즈

2화

말은 한 번에 새끼를 한 마리만 낳는다? `해설더하기`

개나 고양이와 같이 덩치가 작은 동물은 한 번에 여러 마리의 새끼를 낳지만, 말을 비롯해 코끼리, 기린과 같이 덩치가 큰 동물은 한 번에 한 마리씩 새끼를 낳습니다. 말의 수명은 대략 25년으로, 만 3세부터 18세 사이에 번식을 합니다. 말의 임신 기간은 10~14개월로, 보통의 암말은 평생 5~6마리의 새끼를 낳을 수 있다고 합니다.

① 세상에서 가장 알을 많이 낳는 물고기는 개복치이다?

② 망아지는 생후 5시간이면 걸을 수 있다?

③ 매미는 어린 시절을 땅속에서 보낸다?

④ 물고기의 나이는 비늘을 보면 알 수 있다?

① 세상에서 가장 알을 많이 낳는 물고기는 개복치입니다. 개복치는 무려 3억 개의 알을 낳는다고 합니다.
② 망아지는 생후 4~5시간이면 어미 말을 따라 걷기 시작하며, 약 48kg의 몸무게로 태어나 25일 만에 약 90kg으로 빠르게 성장합니다.
③ 매미는 약 3~7년 동안 땅속에서 유충으로 살다가 성충이 되면 지상으로 올라와 약 1달 정도 번식 활동 후 생을 마감합니다.
④ 일반적으로 물고기의 나이는 비늘을 보면 알 수 있습니다. 물고기의 비늘에는 환선이라고 하는 동그란 무늬의 선이 있는데 물고기가 나이를 먹을수록 이 환선의 숫자가 하나씩 늘어나기 때문입니다.

3화. 바닷가는 낮과 밤에 바람의 방향이 바뀐다?

아하! 머리카락이 움직이는 방향이 낮과는 반대네!

훗, 그거였어요? 예리하군요.

바닷가는 낮과 밤에 바람의 방향이 반대랍니다.

그리고 낮에는 육지가 바다보다 따듯하고, 밤에는 그 반대이기 때문에 바람의 방향이 바뀌는 겁니다.

왜냐하면 공기는 찬 곳에서 따듯한 곳으로 이동하기 때문이죠.

OX 잠깐퀴즈

3화

바닷가는 낮과 밤에 바람의 방향이 바뀐다? `해설더하기`

바람이 부는 것은 공기의 압력이 높은 곳에서 낮은 곳으로 공기가 이동하는 현상입니다. 따뜻한 곳은 공기가 위에서 아래로 하강하기 때문에 공기의 압력이 높아지고, 차가운 곳은 공기가 아래에서 위로 상승하기 때문에 공기의 압력이 낮아집니다. 즉 바람은 차가운 곳에서 따뜻한 곳으로 불게 됩니다. 낮에는 육지가 바다보다 빨리 데워지므로 바다에서 육지로 바람이 불고, 밤에는 육지가 바다보다 빨리 식으므로 육지에서 바다로 바람이 불게 됩니다.

① 물의 끓는점은 기압에 따라 달라진다?

② 여름철에 음료수 뚜껑을 열어놓으면 시원해진다?

③ 개미도 높은 곳에서 떨어지면 죽는다?

④ 자동차 에어컨 온도를 낮추면 연료가 더 소모된다?

① 기압이 낮으면 물의 끓는점도 낮아지고 반대로 기압이 높으면 끓는점도 높아집니다.
② 수분은 증발할 때 열에너지를 흡수합니다. 음료수 뚜껑을 열어놓으면 음료수가 증발하면서 온도가 낮아지고, 반대로 뚜껑을 닫아 놓으면 증발이 발생하지 않기 때문에 온도가 주변과 같아지게 됩니다.
③ 지구에 있는 모든 생물체는 중력의 영향을 받아 아래로 떨어집니다. 이때 떨어지는 물체의 속도를 종단속도라고 하며 물체의 질량이 클수록 종단속도도 커지게 됩니다. 개미는 워낙 질량이 작아서 중력이 공기의 저항력보다 크지 않아 종단속도가 느리기 때문에 높은 곳에서 떨어져도 다치지 않는 것입니다.
④ 자동차는 에어컨이 켜져 있는 동안 설정한 온도와 상관없이 동일한 연료를 소비합니다. 즉 가장 낮은 온도로 에어컨을 틀어서 빨리 자동차 내부를 시원하게 만든 다음 에어컨을 끄는 것이 가장 연료를 아낄 수 있는 방법입니다.

4화. 지진이 나면 빨리 밖으로 나가야 한다?

OX 잠깐퀴즈

4화

지진이 나면 빨리 밖으로 나가야 한다? 해설더하기

지진은 예고 없이 찾아오기 때문에 침착하게 대처하는 것이 중요합니다. 지진으로 흔들릴 때는 책상이나 탁자 아래로 들어가 몸을 보호해야 합니다. 건물이 무너질 수 있으므로 흔들림이 멈추면 문을 열어 출구를 확보하고 엘리베이터 대신 계단을 이용해 건물 밖으로 나갑니다. 건물 밖에서는 가방이나 손으로 머리를 보호하고 떨어지는 물건을 조심해야 합니다. 건물로부터 멀리 떨어져 신속하게 운동장이나 공원 등 넓게 트인 공간을 찾아 대피해야 합니다.

① 지진이 나면 탁자 다리를 붙잡는다?

② 제주도는 화산 활동으로 생겨났다?

③ 한라산은 다시 폭발할 수도 있다?

④ 일본에서 지진이 자주 발생하는 이유는 해수의 온도와 관련이 있다?

① 지진이 나서 건물이 흔들릴 때는 재빨리 탁자 아래로 들어가 몸을 보호하고, 탁자 다리를 꼭 잡는 것이 안전합니다. 지진으로 흔들리는 동안 밖으로 나가면 낙하물이 떨어질 수 있어 위험합니다.
② 제주도는 약 180만 년 전부터 시작된 화산활동으로 생성된 섬입니다.
③ 한라산은 활동을 멈춘 사화산으로 인식되어왔지만 최근 4천9백 년 전 용암이 분출된 흔적이 발견되어 다시 폭발할 가능성이 있는 것으로 밝혀졌습니다. 1만 년 내에 폭발한 적이 있는 화산은 활화산으로 분류합니다.
④ 환태평양조산대에 속한 일본은 네 개의 지각 덩어리인 유라시아 판, 필리핀 판, 태평양판, 북아메리카 판이 만나는 접점에 있기 때문에 지진이 자주 발생합니다. 지구상의 지진과 화산활동이 대부분 이 지역에서 발생하기 때문에 이곳을 '불의 고리'라고도 부릅니다.

5화. 북극여우와 사막여우는 귀의 크기가 다르다?

사육사 찐빵맨

어린이 친구들, 오늘은 새 친구들과 인사해 볼까요?

이 친구의 이름은 사막여우고,

이 친구의 이름은 레서판다에요.

아... 안녕?

바... 반가워~

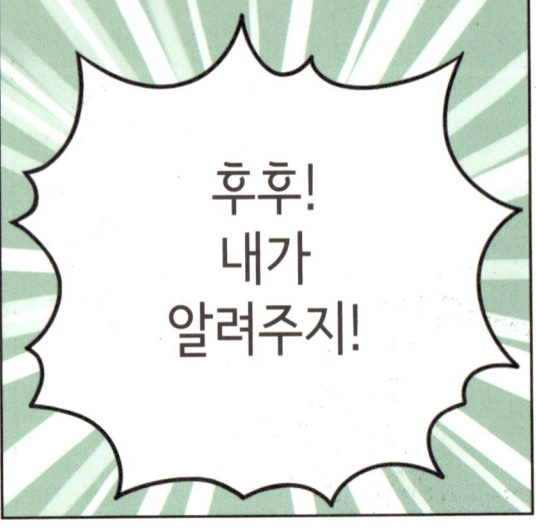

OX 잠깐퀴즈

5화

북극여우와 사막여우는 귀의 크기가 다르다? 해설더하기

동물들은 저마다 환경에 적응하며 진화합니다. 북극여우와 사막여우는 같은 여우지만, 사는 곳의 환경이 달라 정반대의 외모를 가지게 된 경우입니다. 시베리아, 알래스카 등 추운 북극 지방에 사는 북극여우는 추위로부터 체온을 보호해야 하기 때문에 귀가 작고 털이 풍성해졌습니다. 반대로 더운 아프리카 사막 지대에 사는 사막여우는 몸의 뜨거운 열을 빨리 식혀야 하기 때문에 큰 귀와 짧은 털을 가지게 된 것입니다.

① 북극곰의 털은 흰색이다?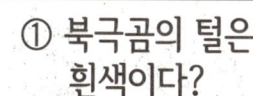

② 개가 고양이보다 균형감각이 뛰어나다?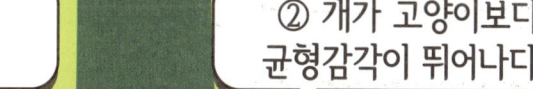

③ 북극곰은 펭귄의 천적이다?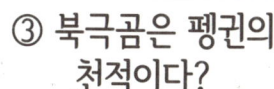

④ 치타는 발톱을 숨기지 못한다?

① 북극곰의 털은 멜라닌 색소가 거의 없어 낚싯줄처럼 투명한 색입니다. 빛의 산란 때문에 여러 가닥이 뭉쳐 흰색으로 보인다고 합니다.
② 고양이가 개보다 균형감각이 뛰어납니다. 고양이는 개가 오르지 못하는 높은 곳에 쉽게 오르거나 좁은 담장에서도 잘 걸어 다니는 것을 볼 수 있습니다.
③ 북극곰은 북극에 살고, 펭귄은 남극 지방에 서식합니다. 서로 서식지가 다르므로 북극곰은 펭귄의 천적이 아닙니다.
④ 치타는 발톱을 숨기지 못하는 유일한 고양잇과 동물입니다.

6화. 할아버지 안경을 쓰면 멀리 있는 것이 작게 보인다?

청와대

이번에도 나미와 메가-Z가 문제를 해결해 줬더군요. 고맙습니다.

과, 과찬이십니다.

고마워서 그러니 갖고 싶은 선물이 있는지 생각해 보세요.

네.

OX 잠깐퀴즈

6화

할아버지 안경을 쓰면 멀리 있는 것이 작게 보인다?

해설더하기

할아버지, 할머니는 책이나 신문을 읽으실 때 돋보기안경을 씁니다. 돋보기안경에 쓰이는 렌즈는 가운데가 볼록한 볼록렌즈입니다. 나이가 들면 가까운 곳의 물체가 흐릿하게 보이는데, 볼록렌즈는 가까이 있는 물체를 크고 정확하게 보이게 합니다. 볼록렌즈는 현미경이나 망원경에도 쓰입니다. 현미경에 쓰인 볼록렌즈는 너무 작아 맨 눈으로 보기 어려운 물체를 확대해서 보여주고, 망원경에 쓰인 볼록렌즈는 먼 곳에 있는 물체를 확대해서 크게 보여줍니다.

① 원시는 멀리 있는 것이 잘 안 보인다?

② 시력이 가장 좋은 동물은 타조이다?

③ 난시는 유전적인 경우가 대부분이다?

④ 노란 참외에 빨간빛을 비추면 빨간색으로 보인다?

① 가까이에 있는 물체는 흐릿하게 보이지만, 멀리 있는 물체는 선명하게 보이는 시력 상태를 원시라고 합니다. 반대로 가까이에 있는 물체는 선명하게 보이지만, 멀리 있는 물체는 흐릿하게 보이는 시력 상태를 근시라고 합니다.
② 타조는 시력이 가장 좋은 동물로, 시력이 무려 25.0에 이르고 최대 25km를 볼 수 있다고 합니다. 타조의 시력이 좋은 이유는 커다란 수정체 때문인데, 타조의 수정체는 크기가 정구공만 하다고 합니다.
③ 난시는 물체가 여러 개로 겹쳐 보이는 증상으로, 근시나 원시보다 눈의 피로도가 높습니다. 유전에 의한 경우가 대부분이어서 예방이 어렵습니다.
④ 참외가 노란색으로 보이는 것은 빛의 3원색 중 빨간빛과 초록빛만 반사하기 때문입니다. 참외에 빨간빛을 비추면 빨간빛만 반사되기 때문에 빨간색으로 보이게 됩니다.

7화. 빨리 달릴수록 멈추기가 더 어렵다?

여기는 육상경기가 펼쳐지고 있는 OX 육상경기장입니다.

오! 마침 선수들이 입장하고 있습니다!

와아 와아

OX 잠깐퀴즈

7화

빨리 달릴수록 멈추기가 더 어렵다? [해설더하기]

모든 물체는 자기 상태를 그대로 유지하려고 하는데 이를 관성의 법칙이라고 합니다. 관성에 의해 움직이고 있는 물체는 계속 움직이려 하고, 멈춰 있는 물체는 계속 멈춰 있으려고 하는 것입니다. 관성의 크기는 물체마다 다릅니다. 무게가 무거울수록, 고체보다는 액체가 관성이 큽니다. 무거운 볼링공은 가벼운 탁구공보다 관성의 힘이 크기 때문에 멈추기 어렵습니다. 삶은 달걀과 날달걀을 똑같은 힘으로 돌리고 손가락으로 멈춰보면 삶은 달걀이 더 쉽게 멈춰집니다. 액체인 날달걀이 고체인 삶은 달걀보다 관성의 힘이 크기 때문입니다.

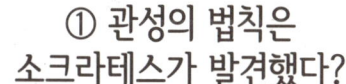
① 관성의 법칙은 소크라테스가 발견했다?

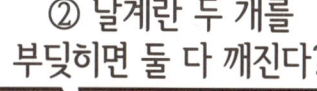
② 날계란 두 개를 부딪히면 둘 다 깨진다?

③ 철새가 V자로 나는 이유는 힘을 덜 들이기 위해서이다?

④ 우사인 볼트는 코끼리보다 빠르다?

① 관성의 법칙을 발견한 사람은 아이작 뉴턴입니다. 관성의 법칙은 뉴턴의 운동법칙 중 첫 번째 법칙으로, 물체는 외부의 힘이 가해지지 않으면 항상 기존의 운동 상태를 유지하려 한다는 법칙입니다. 움직이지 않는 물체가 힘을 가하기 전까지 정지해 있는 것도 여기에 포함됩니다.

② 에너지 보존의 법칙에 의해 한쪽 계란만 깨지게 됩니다. 깨지지 않은 계란은 깨지는 계란에 약간 파고든 듯한 형태가 되고, 깨지는 계란은 여러 껍질 조각으로 충돌 에너지가 나눠집니다. 요약하자면 한쪽이 깨지면서 다른 한쪽을 깰 수 있는 힘이 분산되기 때문에 하나만 깨지는 것입니다.

③ 철새가 날갯짓을 하면 날개 뒤 바깥쪽으로 상승하는 공기의 흐름이 생깁니다. 그곳에 위치하면 보다 적은 날갯짓으로 날 수 있기 때문에 V자 대형이 만들어지는 것이라고 합니다.

④ 육중한 몸을 자랑하는 코끼리는 느릴 것 같지만 시속 40km로 달릴 수 있으며 100m를 9초에 주파할 수 있습니다. 우사인 볼트가 세운 100m 달리기 최고기록은 9.58초입니다.

OX 잠깐퀴즈

8화

과자 봉지를 크게 보이려고 질소를 넣는다?

과자 봉지에 빵빵하게 채워져 있는 것은 질소입니다. 과자는 산소와 만나면 변질되기 쉬운데, 질소를 채워 보관하면 바삭한 식감과 향이 오래도록 유지된다고 합니다. 질소는 공기의 78%를 차지하며, 해수나 암석에서도 쉽게 발견됩니다. 그뿐만 아니라 우주에서 여섯 번째로 많은 원소이기도 합니다. 질소는 색깔과 냄새가 없지만 과자 봉지 외에도 식품의 냉동, 건조나 에어컨 충전제 등 우리 생활 곳곳에서 널리 사용되고 있습니다.

① 바퀴벌레도 상하 계급이 있다?

② 해삼은 몸이 잘려도 다시 재생된다?

③ 개는 사람보다 미각이 뛰어나다?

④ 세상에서 가장 큰 새는 타조이다?

① 바퀴벌레는 일반적으로 모여서 생활하지만 개미, 벌과 달리 뚜렷한 우두머리가 없고 서로 협력하거나 역할 분담 없어 사회성 곤충은 아닙니다. 바퀴벌레는 배설물에 섞여 있는 페로몬 성분이 주변 바퀴를 끌어모아 자연스럽게 집단을 이루게 된다고 합니다.
② 해삼은 몸을 두 동강 내도 시간이 지나면 다시 살아난다고 합니다. 해삼은 특별한 재생 능력 때문에 껍질뿐만 아니라 내장까지 다시 만들어 낼 수 있다고 합니다.
③ 사람의 미각세포가 약 9천 개인 반면 개의 미각세포는 약 1천7백여개로 사람에 비해 미각이 둔한 편입니다.
④ 세상에서 가장 큰 조류는 타조입니다. 타조는 2.5m까지 자라며 몸무게는 150kg에 달한다고 합니다.

OX 잠깐퀴즈

9화

모기는 새끼와 어미의 모습이 다르다? 　해설더하기

곤충은 대부분 알에서 태어난 유충의 모습과 어른인 성충의 모습이 크게 다릅니다. 유충이 성장하면서 성충으로 모습이 바뀌는 것을 변태라고 하는데, 변태에는 번데기 상태를 거치는 완전 변태와 번데기를 거치지 않는 불완전 변태 등이 있습니다. 모기는 완전 변태하는 대표적인 곤충으로 형태의 변화가 큰 편입니다. 유충인 장구벌레일 때는 웅덩이나 연못 등 물에서 살다가 번데기를 거쳐 성충 모기가 되면 하늘을 날게 됩니다.

① 수명이 가장 짧은 곤충은 하루살이다?

② 바퀴벌레는 치약을 밟으면 죽는다?

③ 샤워를 하면 모기에 덜 물린다?

④ 반딧불이는 알도 빛을 낸다?

① 하루살이는 이름과 달리 수명이 1년 정도입니다. 그럼에도 하루살이란 이름이 붙은 이유는 물속에서 유충 상태로 대부분의 시간을 보내기 때문입니다. 지금까지 알려진 수명이 가장 짧은 곤충은 진딧물로 진딧물의 평균 수명은 4~5일이라고 합니다.
② 생명력이 질기기로 유명한 바퀴벌레도 치약에 닿으면 금방 죽는다고 합니다. 이는 치약의 주성분인 불소 때문인데 이 불소는 원래 치약에 쓰이기 전에 살충제로 널리 사용되던 성분이라고 합니다.
③ 모기는 땀 냄새나 젖산 냄새를 맡고 달려들기 때문에 샤워로 몸을 청결히 하는 것만으로도 모기에 덜 물릴 수 있습니다.
④ 반딧불이는 성충일 때뿐만 아니라 알, 애벌레, 번데기도 빛을 냅니다.

10화. 나무가 많은 산은 산사태가 잘 일어난다?

용성용성

산사태라니… 무섭네요.

어제 비가 많이 오더라니…

잠시만 지나가겠습니다.

OX 잠깐퀴즈

10화

나무가 많은 산은 산사태가 잘 일어난다? 해설더하기

산사태는 큰비나 지진 등에 의해 산에 있는 바위나 흙이 갑자기 무너져 내리는 현상을 말합니다. 산사태가 발생하면 인근의 주택이나 도로 등을 덮쳐 인명이나 재산 피해가 생길 수 있습니다. 산사태의 발생을 최소화하기 위해서는 산에 나무를 많이 심고 산을 훼손하지 말아야 합니다. 나무는 땅에 뿌리를 내려 비가 내려도 흙이 쓸려가지 않도록 흙을 단단히 잡아주는 역할을 합니다.

① 코끼리는 코가 길어 냄새를 잘 못 맡는다?

② 파리가 꿀벌보다 날갯짓이 빠르다?

③ 뱀은 뒤로 갈 수 있다?

④ 하마는 초식동물이다?

① 코끼리의 코는 뛰어난 후각을 자랑합니다. 코로 빨아들인 공기를 입천장까지 빨아들이면 최대 19km 거리에 있는 젖은 흙냄새도 맡을 수 있다고 합니다.
② 꿀벌이 파리보다 날갯짓이 빠릅니다. 파리는 초당 약 200번, 꿀벌은 초당 약 230번의 날갯짓을 할 수 있다고 합니다.
③ 뱀은 비늘을 이용해 이동하는데 비늘의 방향이 앞에서 뒤로 비스듬히 기울어져 있기 때문에 뒤로는 갈 수 없습니다.
④ 하마는 기본적으로 초식동물입니다. 간혹 육식 행위가 발견되기도 하지만, 스트레스를 받았거나 영양분의 부족으로 인해 드물게 나타나는 현상일 뿐 하마의 위장은 해부학적으로도 육식하기에 적합하지 않다고 합니다.

11화. 물과 기름을 섞으면 기름이 물 위에 뜬다?

OX 잠깐퀴즈

11화

물과 기름을 섞으면 기름이 물 위에 뜬다? [해설더하기]

일정한 면적에 무엇이 빽빽이 들어 있는 정도를 밀도라고 합니다. 물질의 밀도는 그 물질을 이루는 분자(입자)의 종류나 배열에 따라 달라집니다. 물과 기름을 섞으면 물 위에 기름이 뜨는 것을 볼 수 있습니다. 이것은 물보다 기름의 밀도가 더 작기 때문에 생기는 현상입니다. 열기구를 가열하여 공중에 띄우는 것, 잠수부들이 허리 벨트에 납덩어리를 매달고 물속 깊이 잠수하는 것 등이 밀도의 차이를 이용하는 경우입니다.

① 고래는 물 밖에서 숨을 쉴 수 없다?

② 단위 '킬로미터'는 소문자로 쓰는 것이 원칙이다?

③ 알루미늄은 녹이 스는 재질이다?

④ 바다에서 목이 마르면 바닷물을 마시면 된다?

① 고래는 포유동물로 폐호흡을 하므로 물 밖에서도 숨을 쉴 수 있습니다. 고래가 육지에서 살 수 없는 이유는 자신의 엄청난 몸무게를 물 밖에서는 버텨낼 수 없기 때문입니다.

② 단위기호는 소문자로 쓰는 것이 원칙입니다. '킬로미터'는 'km'로 적어야 맞습니다. 다만 암페어(A)나 파스칼(Pa), 와트(W)처럼 단위명칭이 고유명사(인명)에서 온 경우는 대문자를 허용합니다.

③ 알루미늄은 금속 표면에 산화막을 가지기 때문에 공기와 접촉을 막아 녹이 슬지 않습니다.

④ 바다에서 물이 부족하여 탈수 증상이 생긴 경우는 세포 속에 나트륨이 넘쳐나는데, 물이 부족한 상태입니다. 따라서 나트륨이 많이 들어있는 바닷물을 마시게 되면 세포 속의 나트륨 농도가 더욱 높아져 더 심한 갈증을 느끼게 됩니다.

12화. 지렁이가 많은 땅은 농사가 잘 된다?

OX 잠깐퀴즈

12화

지렁이가 많은 땅은 농사가 잘 된다? 해설더하기

지렁이는 전 세계 어디에서나 볼 수 있는 동물입니다. 땅속에는 여러 생명체가 살고 있지만, 무게로 따지자면 모든 땅속 생물 무게의 80%를 지렁이가 차지할 정도입니다. 지렁이는 식물의 잎이나 동물의 배설물 같은 유기물을 흙과 함께 먹고 배설하여 땅에 잘 흡수될 수 있도록 잘게 분해합니다. 또 땅속을 이리저리 기어 다니면서 땅 표면의 유기물을 땅속으로, 땅속의 광물을 땅 표면으로 순환시키는 역할을 합니다. 농사를 지을 때 쟁기로 밭을 가는 행위를 지렁이는 평생 하는 셈입니다. 지렁이는 외모는 징그럽게 생겼지만, 토양의 건강을 지키는 매우 중요한 생물입니다.

① 비 오는 날 지렁이가 땅 위로 올라오는 것은 숨이 막혀서이다?

② 지렁이의 심장은 5개다?

③ 거머리의 대부분은 기생동물이다?

④ 껍데기가 없는 달팽이가 있다?

① 비 오는 날 지렁이가 땅 위로 올라오는 것은 흙 속에 물이 차 숨을 쉴 수 없기 때문입니다.
② 지렁이의 심장은 5개입니다. 운동량이 많고 산소가 적은 땅에서 살기 위하여 심실과 심방이 따로 분리된 원시적인 형태를 지니고 있다고 합니다.
③ 알려진 거머리 종들 중에 약 75%는 사람이나 동물의 몸에 들러붙어 피를 빨아먹는 기생동물입니다. 한번 붙으면 30분 이내에 자기 몸무게의 10배에 해당하는 엄청난 양의 피를 빨아먹을 수 있다고 합니다.
④ 민달팽이는 복족류에 속하는 생물로 껍데기가 퇴화되어 없는 달팽이입니다. 일반 달팽이에 비해 수분을 간직하기 어려워 건조한 날에는 주로 흙 속에 숨어 지내다 비 오는 날이나 밤에 활동합니다.

13화 강을 거슬러 올라갈수록 자갈의 크기가 커진다?

그래, 선녀를 위해서라면 뭐든 할 수 있어…!

닌자! 이제 괜찮아요!

헉…! 왜 울어요!

OX 잠깐퀴즈

13화

강을 거슬러 올라갈수록 자갈의 크기가 커진다? 해설더하기

강을 따라가 보면 흐르는 물에 돌과 땅이 깎이고, 운반되고, 쌓이는 과정을 눈으로 확인할 수 있습니다. 강의 상류에서는 물이 흐르는 속도가 빠르고 깎이는 작용이 활발하게 일어나기 때문에 강의 폭이 좁고 폭포, 계곡 등이 있으며 커다랗고 각진 바위가 많습니다. 중류에서는 물이 흐르는 속도가 완만하고 운반되는 작용이 활발하게 일어나기 때문에 강줄기가 구불구불하고 작고 둥근 자갈이 많습니다. 하류에서는 물이 흐르는 속도가 느리고 쌓이는 작용이 활발하게 일어나기 때문에 강의 폭이 넓고 고운 모래나 흙이 쌓여 있는 것을 볼 수 있습니다.

① 지구 표면의 절반 이상은 육지이다?

② 상어는 평소에도 입을 벌리고 다닌다?

③ 형광등에도 피부가 탄다?

④ 코끼리의 코에는 뼈가 없다?

① 바다의 면적은 지구 표면의 약 70%를 차지하고 있습니다.
② 물고기들은 대개 아가미로 펌프질하듯 물을 빨아들여 물속의 산소를 걸러내는 방식으로 호흡합니다. 그런데 상어는 아가미를 움직이지 못합니다. 그래서 입을 통해 물이 아가미를 지나도록 입을 벌린 채 움직인다고 합니다.
③ 피부가 타는 것은 자외선 때문입니다. 형광등도 일부 자외선을 방출하지만, 유리관 안쪽의 코팅된 형광막에 부딪히며 가시광선으로 변하게 되므로 형광등에는 피부가 타지 않습니다.
④ 코끼리의 코는 코와 윗입술이 발달한 것으로 모두 근육으로 이루어졌습니다.

14화. 운동을 하면 호흡이 가빠지고 맥박이 빨라진다?

헛둘! 헛둘 헛둘!

어? 왜 한 자리가 비지?

OX 잠깐퀴즈

14화

운동을 하면 호흡이 가빠지고 맥박이 빨라진다? `해설더하기`

운동을 하고 나면 심장 박동이 매우 빠르고 세지는 것을 느낄 수 있습니다. 운동을 할 때는 근육을 많이 움직이기 때문에 그만큼 더 많은 산소와 영양분이 필요해집니다. 산소와 영양분은 피를 통해 전달되기 때문에 심장은 더 많은 피를 근육에 보내기 위해 박동수를 늘리는 것입니다. 깜짝 놀라거나 긴장했을 때도 마찬가지입니다. 어떤 일이 일어났을 때 몸이 바로 행동할 수 있도록 뇌에서 신호를 보내기 때문에 몸에 필요한 피가 더 많아지고 심장 박동이 빨라지는 것입니다.

① 세상에서 가장 혈압이 높은 포유류는 기린이다?

② O형은 어떤 혈액형이든 수혈받을 수 있다?

③ 곤충은 피가 없다?

④ 코피가 나면 고개를 뒤로 젖히는 게 좋다?

① 기린은 6m에 달하는 온몸에 혈액을 보내야 하기 때문에 포유류 중 가장 높은 혈압을 가지고 있습니다. 기린의 혈압은 인간의 두 배에 달한다고 합니다.
② O형은 모든 혈액형에 수혈할 수 있지만, 받을 땐 같은 O형에게만 수혈받을 수 있습니다.
③ 잠자리, 매미 같은 곤충은 붉은 피가 나오지 않습니다. 이는 헤모글로빈이라는 붉은 색소가 없기 때문에 색깔이 거의 없기 때문이지 곤충도 사람처럼 피가 있습니다.
④ 코피가 나면 고개를 앞으로 숙이는 것이 올바른 행동입니다. 코피가 났을 때 고개를 뒤로 젖히게 되면 흐르는 코피가 목 뒤로 넘어갈 수 있고, 이로 인해 피가 폐로 넘어가 폐렴을 유발할 수도 있다고 합니다.

15화. 땀은 혈액순환과 음식물 소화를 돕는다?

16화. 낮이 가장 긴 때는 6월이고 짧은 때는 12월이다?

허업!

OX 잠깐퀴즈

16화

낮이 가장 긴 때는 6월이고 짧은 때는 12월이다?

낮과 밤의 길이는 태양의 고도에 따라 달라집니다. 태양의 고도가 높으면 태양이 지표면 위에 머무는 시간이 길어져 낮이 길어지고, 태양의 고도가 낮으면 반대로 밤이 길어집니다. 태양의 고도는 계절에 따라 달라지는데 우리나라는 6월 22일 경인 하지에 태양의 고도가 가장 높고, 12월 22일 경인 동지에 태양의 고도가 가장 낮습니다.

① 춘분이 추분보다 더 따뜻하다?

② 해바라기 꽃은 해가 움직이는 방향으로 돈다?

③ 지구의 안쪽으로 갈수록 차가워진다?

④ 북극이 남극보다 춥다?

① 추분이 춘분보다 더 따뜻합니다. 평균적으로 추분은 20℃ 정도를 넘고 춘분은 10℃ 이하라고 합니다.
② 해바라기는 꽃을 피우기 전에는 햇빛을 따라 동서로 움직이지만, 꽃이 피고 나면 줄기가 굵어져 몸을 돌리지 않습니다.
③ 지구의 안쪽으로 갈수록 뜨거워집니다. 최근 연구에 따르면, 지구의 중심인 내핵의 온도는 6,000℃에 이른다고 합니다.
④ 남극이 북극보다 춥습니다. 북극의 평균 기온이 영하 35~40℃인 반면, 남극의 평균 기온은 영하 55℃에 달합니다.

17화. 태양이 사라져도 일부 생물은 살아남을 수 있다?

후후후...

드디어 밤인가.

OX 잠깐퀴즈

17화

태양이 사라져도 일부 생물은 살아남을 수 있다? [해설더하기]

태양이 갑자기 사라진다면? 우선 지구의 온도가 우주의 온도만큼 낮아질 것입니다. 우주의 평균 온도는 약 영하 270℃입니다. 또 지구의 식물들은 광합성을 할 수 없고 지구상의 산소가 고갈될 것입니다. 지구상에는 구름도, 비도, 마실 물도 사라질 것입니다. 태양은 약 50억 년 동안 에너지를 만들어 왔고 지구상의 모든 생명체는 태양 덕분에 번성할 수 있었습니다. 그러나 태양도 수명이 있습니다. 앞으로 15억 년 후에는 태양이 너무 밝아져 남극과 북극의 얼음이 모두 녹고, 약 50억 년 후에는 태양이 부풀어 올라 지구를 삼킨 후 서서히 빛을 잃고 소멸하게 됩니다.

① 지구와 가장 가까운 행성은 태양이다?

② 지구상에 영원히 죽지 않는 생명체가 있다?

③ 금성의 표면 온도는 지구와 비슷하다?

④ 달에도 마그마가 있다?

① 지구와 가장 가까운 행성은 금성입니다. 태양은 스스로 빛을 내는 항성으로, 태양과 지구 사이에는 수성과 금성 2개의 행성이 있습니다.
② 1990년대 이탈리아에서 처음 발견된 홍해파리는 병들거나 잡아먹히지 않는 한 이론적으로 죽지 않는 유일한 생명체라고 합니다. 이 해파리는 죽음의 위기가 오면 태어날 적의 세포 덩어리로 돌아가 다시 성장하는 과정을 반복한다고 합니다.
③ 금성은 이산화탄소가 풍부한 대기에 의해서 온실효과가 발생하여 표면 온도가 400도에 이릅니다. 금성의 표면 온도는 태양과 더 가까운 수성보다도 더 높습니다.
④ 달의 내부에는 지구만큼이나 많은 양의 마그마가 녹아 있다고 합니다. 하지만 달에서 화산 폭발 등이 일어나지 않는 이유는 달의 마그마가 밀도가 너무 높아서 지구의 마그마처럼 위로 상승하지 못하기 때문이라고 합니다.

18화. 지구는 기울어져 있다?

반-짝!

OX 잠깐퀴즈

18화

지구는 기울어져 있다? 해설더하기

지구는 자전축을 중심으로 하루에 한 바퀴씩 도는 자전과, 1년 동안 태양의 주위를 한 바퀴 도는 공전을 합니다. 이때 지구의 자전축이 약 23.5도만큼 기울어진 채 공전을 하기 때문에 태양의 고도가 1년을 주기로 변하게 됩니다. 6월에는 지구의 북반구가 태양을 향해 기울어져 태양의 고도가 높고 태양이 떠 있는 시간이 길어집니다. 그 결과 북반구는 여름이 되고 남반구는 태양의 고도가 낮아 태양이 떠 있는 시간이 짧은 겨울이 됩니다. 12월은 반대로 지구의 남반구가 태양을 향해 기울어져 북반구는 겨울, 남반구는 여름이 됩니다.

① 일 년 중 밤낮의 길이가 같은 날은 딱 하루이다?

② 우리나라 기후는 냉대기후다?

③ 지구의 자전 속도는 느려지고 있다?

④ 밀물과 썰물은 하루에 두 번씩 일어난다?

① 일 년 중 밤낮의 길이가 같은 날은 춘분과 추분, 이틀입니다. 춘분 이후에는 낮이 밤보다 길고, 추분 이후에는 밤이 낮보다 길어집니다.
② 우리나라의 기후는 온대기후입니다. 봄, 여름, 가을 겨울의 사계절이 뚜렷한 것이 특징입니다.
③ 지구의 자전 속도는 조금씩 느려지고 있다고 합니다. 자전 속도가 느려지면서 하루의 길이도 10만 년의 1초 정도씩 늘어나고 있는데, 이대로라면 3억 6천만 년 뒤에는 하루가 25시간이 된다고 합니다.
④ 밀물과 썰물은 하루에 두 번씩 일어납니다. 밀물과 썰물은 달과 태양 및 기타 여러 천체의 인력과 지구의 원심력에 의해 일어나는 현상인데, 지구가 하루에 한 번 자전하는 동안 한 번은 인력에 의해서 또 한 번은 원심력에 의해서 밀물과 썰물이 일어나기 때문입니다.

OX 잠깐퀴즈

19화

낙타 등의 혹에는 물이 들어있다? [해설더하기]

낙타는 척박한 사막에서 잘 살아갈 수 있도록 진화한 동물입니다. 낙타의 등에 있는 혹에는 많은 에너지를 낼 수 있는 지방이 쌓여 있어 오랜 기간 먹지 않아도 버틸 수 있습니다. 한꺼번에 많은 양의 물을 마실 수 있고 땀도 흘리지 않고 소량의 진한 오줌을 누어 몸의 수분이 빠져나가지 못합니다. 낙타의 긴 속눈썹은 모래가 눈으로 들어가는 것을 막아주고, 모래가 콧속으로 들어오지 않게 콧구멍을 열고 닫을 수도 있습니다. 또한 낙타는 발바닥이 넓어 모래에 발이 빠지지 않고 자유롭게 사막을 걸어 다닐 수 있습니다.

① 개코가 축축한 것은 냄새를 잘 맡기 위함이다?

② 거북은 잠을 잘 때 등껍질 밖으로 몸을 내놓고 잔다?

③ 알을 낳는 포유류가 있다?

④ 뱀이 혀를 날름거리는 이유는 맛을 보기 위해서이다?

① 코가 축축하게 젖어 있으면 냄새 입자가 잘 접착되게 됩니다. 개는 냄새를 잘 맡기 위해 코를 자주 핥는 등 코끝을 항상 축축하게 유지하려 합니다.
② 거북은 잠을 잘 때 외부 위험으로부터 몸을 보호하기 위해서 머리와 다리, 꼬리를 모두 갑피 안에 집어넣고 잡니다.
③ 포유류 동물 중 오리너구리와 가시두더지는 새끼를 직접 출산하는 대신 알을 낳습니다.
④ 뱀이 혀를 날름거리는 이유는 냄새를 맡기 위해서입니다. 뱀의 혀는 맛을 느끼는 기관이 아니라 냄새를 맡는 기관입니다.

20화. 태양계에서 가장 먼 행성은 목성이다?

OX 잠깐퀴즈

20화

태양계에서 가장 먼 행성은 목성이다? 해설더하기

태양계에는 수성, 금성, 지구, 화성, 목성, 토성, 천왕성, 해왕성 순으로 8개의 행성이 태양을 중심으로 돌고 있습니다. 태양과 가장 가까워 아주 뜨거운 수성, 태양계 행성 중 가장 밝게 빛나는 금성, 우리의 지구, 지구와 가장 비슷한 화성, 태양계에서 태양 다음으로 큰 목성, 아름다운 고리를 가진 토성, 푸른색으로 빛나는 천왕성, 그리고 태양으로부터 가장 멀리 떨어진 행성이자 청록색 진주라 불리는 얼음별 해왕성까지. 태양계의 행성들은 모두 신비한 모습을 하고 있습니다.

① 목성의 자전 속도는 지구보다 느리다?

② 금성 표면에는 액체 상태의 물이 있다?

③ 명왕성은 태양계 행성이다?

④ 수성은 한밤중에만 볼 수 있다?

① 목성은 적도 기준으로 9시간 50분 주기로 자전을 하며, 이는 태양계 내에서 가장 빠른 속도입니다. 빠른 자전 속도로 인해 적도 부근이 불룩한 모양을 하고 있습니다.
② 금성의 표면은 매우 뜨겁고 건조하여 모든 액체는 끓어서 날아다니며 표면은 황산으로 이루어진 짙은 구름으로 덮여 있어 연구하는 데도 많은 어려움이 따릅니다.
③ 명왕성은 원래 태양계의 9번째 행성이었으나, 태양계 외곽에 명왕성과 비슷한 행성들이 잇달아 발견되면서 2006년부터 태양계 행성의 지위를 잃고 새로 발견된 행성들과 함께 왜행성으로 분류되었습니다.
④ 수성은 태양에 가깝기 때문에 한밤중에 보이는 일은 없고 초저녁의 서쪽 하늘에서나 새벽의 동쪽 하늘에서만 잠깐 동안 보인다.

21화. 석탄과 석유는 화석이다?

우주를 여행하기 위한 공부를 시작해 볼까?

OX 잠깐퀴즈

21화

석탄과 석유는 화석이다? [해설더하기]

석탄과 석유를 화석 에너지라고 합니다. 석탄은 수백만 년 전에 번성했던 양치식물들이 지구 환경의 변화로 땅속에 묻혀 높은 열과 압력을 받아 만들어진 것이고, 석유는 바다 생물들이 땅속에 묻혀 만들어진 것입니다. 석탄과 석유는 유한한 자원으로, 석탄은 앞으로 약 100년, 석유는 약 40년간 사용할 수 있는 양이 남아있다고 합니다.

① 공룡 화석으로 육수를 우려낼 수 있다?

② 세계 최대 석유 생산국은 중동에 있다?

③ 뇌가 호두만 한 공룡이 있었다?

④ 벼룩은 공룡 시대에도 존재했다?

① 화석은 뼈가 있던 자리에 광물 성분이 스며들어 돌이 된 것입니다. 따라서 화석으로는 육수를 우려낼 수 없습니다.
② 세계 최대 석유 생산국은 중동에 있는 사우디아라비아입니다. 사우디아라비아의 하루 평균 석유 생산량은 1,060만 배럴에 달하며, 이는 세계 석유 생산량의 절반에 가까운 양입니다.
③ 스테고사우루스는 몸집이 25인승 버스만 했지만 뇌의 크기는 호두 한 알만 했다고 합니다. 과학자들은 초식 공룡인 스테고사우루스는 가만히 서서 나뭇잎만 먹었기 때문에 머리가 좋을 필요가 없었을 것으로 추측합니다.
④ 벼룩은 공룡이 살았던 중생대 쥐라기 시대부터 존재했던 곤충입니다.

22화. 선인장의 가시는 원래 잎이다?

OX 잠깐퀴즈

22화

선인장의 가시는 원래 잎이다? 해설더하기

선인장은 사막에서 살아가기 위해 특수하게 진화한 식물입니다. 선인장의 뿌리는 물을 흡수하는 능력이 다른 식물에 비해 아주 뛰어나고, 물을 흡수하면 아주 오랫동안 저장할 수 있습니다. 특히 선인장의 잎은 물이 쉽게 증발하지 않도록 좁고 가는 가시로 변했습니다. 선인장의 가시는 사막의 동물들로부터 선인장을 지켜주는 역할도 합니다. 몸속에 물을 많이 저장하는 선인장에 가시가 없었다면 목마른 동물들에게 쉽게 먹히고 말았을 것입니다.

① 다육식물은 습하고 그늘진 곳에서 자라는 식물이다?

② 고기를 먹는 식물이 있다?

③ 버섯은 식물이다?

④ 바닷속 산호는 식물이다?

① 다육식물은 건조한 지역에서 살아남기 위해 줄기나 잎에 많은 양의 물을 갖는 식물을 말합니다. 줄기에 물을 저장하는 선인장과 잎에 물을 저장하고 있는 알로에가 대표적인 다육식물입니다.

② 벌레 등을 잡아먹고 양분을 얻는 식물을 식충식물이라고 합니다. 식충식물 중 네펜데스라는 식물은 벌레는 물론 쥐, 심지어 작은 새까지 잡아 먹으며 그 뼈까지 소화할 수 있는 것으로 알려졌습니다.

③ 버섯은 식물이 아닙니다. 버섯은 균계라 하여 동물, 식물, 세균 등과 구별되는 독립된 생물입니다. 균계에는 버섯을 포함해 효모와 곰팡이 등이 있습니다.

④ 바다의 꽃이라 불리는 산호는 식물이 아닌 동물입니다. 산호는 촉수를 이용해 먹이를 잡고 소화기관을 가지고 있습니다.

23화. 벼의 수명은 일 년이다?

내 이름은 바이킹…

나는…
나를 사랑해줄
여인을 찾고 있지…

OX 잠깐퀴즈

23화

벼의 수명은 일 년이다? `해설더하기`

벼는 씨앗 상태에서 잎과 줄기가 자라고 꽃이 핀 후 열매를 맺고 죽기까지 1년이 걸리는 한해살이 식물입니다. 벼를 계속해서 재배하려면 이듬해 봄에 다시 볍씨를 심어야 합니다. 벼는 수명이 고작 1년이지만, 우리에게 없어서는 안 될 소중한 식물입니다. 벼의 열매인 나락은 찧어서 우리의 주식인 쌀을 만듭니다. 벼의 줄기인 볏짚으로 옛날 사람들은 짚신을 만들어 신었고, 요즘에는 가축의 사료로 사용합니다.

① 대나무도 나이테가 있다?

② 소나무는 침엽수이다?

③ 세계에서 벼농사를 가장 많이 짓는 나라는 중국이다?

④ 바나나는 원래 씨가 있었다?

① 대나무는 나이테가 없고 속이 비어 있습니다. 대나무는 성장 속도가 너무 빨라 줄기의 벽을 이루는 조직은 빠르게 늘어나지만, 속을 이루는 조직은 세포분열이 느리기 때문이라고 합니다.

② 소나무와 같이 잎이 뾰족한 식물을 침엽수라고 합니다.

③ 세계에서 벼농사를 가장 많이 짓는 나라는 인도입니다. 중국은 그다음으로 벼농사를 많이 짓는다고 합니다. 인도와 중국이 위치한 아시아의 벼 재배 면적은 전 세계 벼 재배 면적의 90퍼센트 이상을 차지한다고 합니다.

④ 우리가 흔히 먹는 바나나는 먹기 좋게 개량한 것입니다. 원래 바나나는 씨가 있었습니다.

24화. 똥은 배설물이 아니다?

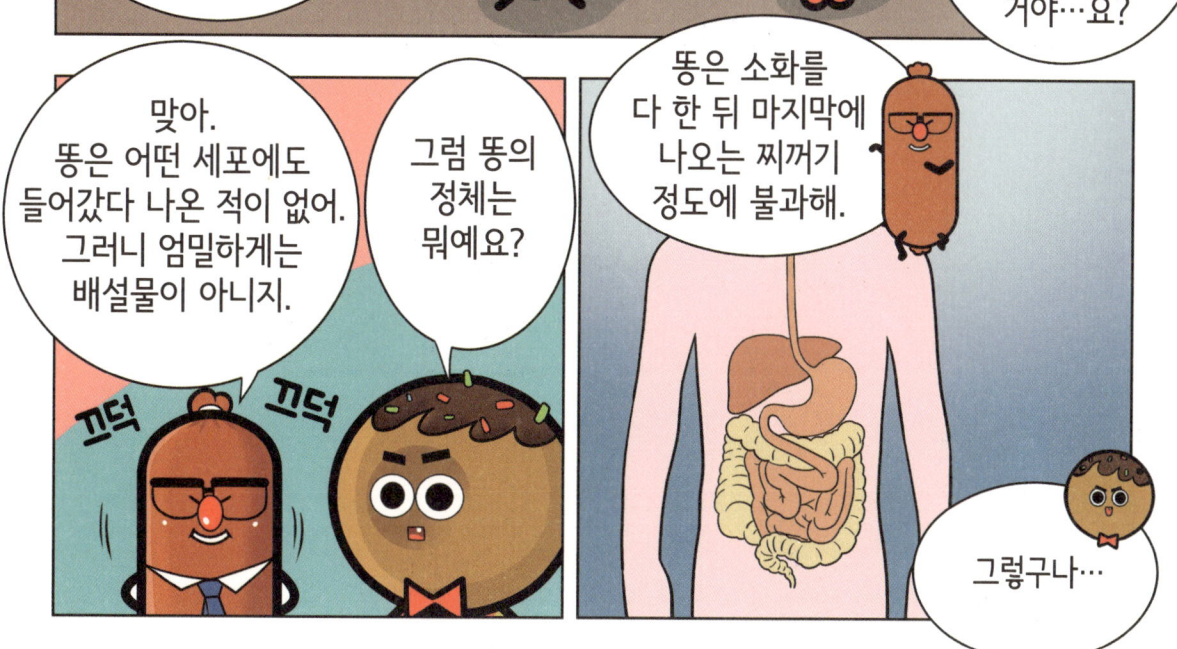

OX 잠깐퀴즈

24화

똥은 배설물이 아니다? [해설더하기]

똥은 우리가 먹은 음식물의 찌꺼기입니다. 우리가 음식을 먹으면 입안에서 이가 음식물을 잘게 부수고 침은 녹말을 분해합니다. 음식물이 식도를 통해 위로 내려오면 위는 위액과 음식물을 부드럽게 만듭니다. 위와 작은창자를 연결하는 십이지장에서는 음식물을 골고루 섞습니다. 작은창자에서는 음식물을 영양소로 분해하고 흡수하고, 마지막으로 큰창자에서 수분을 흡수한 후 남은 찌꺼기가 똥이 되어 밖으로 나오는 것입니다.

① 유산균 음료는 식사 전에 마시는 것이 좋다?

② 뼈는 주로 단백질과 지방으로 이루어져 있다?

③ 고양이는 사람보다 쓴맛을 잘 느낀다?

④ 사람의 허파는 오른쪽이 왼쪽보다 크다?

① 유산균은 장 속에서 나쁜 박테리아의 배출을 돕는 역할을 합니다. 하지만 유산균 음료를 마셔도 유산균이 무사히 장까지 도달할 확률은 매우 낮다고 합니다. 단 음식을 먹은 직후에 유산균 음료를 마시면 유산균의 생존율을 크게 높일 수 있습니다.

② 뼈의 주된 구성 성분은 칼슘입니다. 뼈는 칼슘의 저장고 역할을 하며 우리 몸의 칼슘의 약 90%가 뼈에 저장된다고 합니다. 칼슘은 세포 간 신호전달에 쓰이기도 하는데, 칼슘이 부족할 경우 우리 몸은 뼈를 녹여 부족한 양을 채우기도 합니다. 멸치, 우유 등 칼슘이 풍부한 음식을 섭취하면 뼈를 튼튼하게 유지하는 데 도움이 됩니다.

③ 고양이를 포함한 대부분의 동물은 사람보다 쓴맛을 잘 느낍니다. 이는 야생에서 쓴맛은 먹이에 독성이 있을 수 있다는 뜻이기 때문에 쓴맛을 느끼는 미각이 발달했기 때문이라고 합니다.

④ 사람의 몸 왼쪽에는 심장이 있기 때문에 오른쪽 허파가 왼쪽보다 크기도 크고 무게도 무겁습니다.

OX퀴즈 서바이벌100
신기한 과학 이야기 2

초판 1쇄 발행 | 2018년 07월 01일
초판 2쇄 발행 | 2019년 02월 15일

글쓴이 | 윤나라
그린이 | 김정준 · 박은숙
감　수 | 박인권(신곡초등학교 교사)

펴낸곳 | 버즈파우더(주)
펴낸이 | 박진우 · 박인호
편　집 | 김지욱
마케팅 | 김찬 · 박영국

주　소 | (07574) 서울특별시 강서구 양천로 452, A동 407호
전　화 | (070) 4077-1100
팩　스 | (070) 7500-2025
이메일 | odir@naver.com
홈페이지 | https://game.nanoo.so/oxquizsurvival

등록번호 | 제2018-000027호
등록일 | 2018년 2월 27일

이 책은 저작권법에 따라 보호를 받는 저작물이므로 (주)버즈파우더의 동의 없이
이 책에 실린 글과 그림을 인용 · 복제하거나, 전산장치에 저장 · 전파할 수 없습니다.

ⓒ 버즈파우더(주) 2018
ISBN 979-11-963353-1-1(67030)
잘못된 책은 구입하신 서점에서 교환해 드립니다.

표지 · 본문 | 버즈파우더(주), design창(010 · 9135 · 6994)